AF396541

NOUVELLES
LETTRES NORMANDES,

OU

CONSIDÉRATIONS

SUR

LA GRANDEUR ET LA DÉCADENCE

DE LA PROFESSION DE PROCUREUR.

IMPRIMERIE DE H. PERRONNEAU.

NOUVELLES
LETTRES NORMANDES,

OU

CONSIDÉRATIONS

SUR

LA GRANDEUR ET LA DÉCADENCE

DE LA PROFESSION DE PROCUREUR,

SON ORIGINE, SES RÉVOLUTIONS, LES CRITIQUES ET LES PRÉVENTIONS CONTRE ICELLE ; EXAMEN VÉRIDIQUE ET PROFOND DES ASSERTIONS DE M. SELVES, AUTEUR DE *LA MORT AUX PROCÈS*, etc ; SUPPLÉMENT NÉCESSAIRE A L'UN OU L'AUTRE IN-OCTAVO DUDIT SIEUR ;

dressées par Thomas***, bachelier ès-lois, aujourd'hui premier clerc, et bientôt successeur de maître Thomas, son père, ancien procureur à Caudebec en Basse-Normandie, à un sien ami, clerc à Vic-Bigorre ;

bliées par Gaudens Pierrille***, de Castelnau de Magnoac (Haute-Garonne), parachevant son cours de procédure-pratique à Paris, y demeurant près la Vallée.

Poculis maximus....., *Thomas.*

A PARIS

ez S.-C. L'HUILLIER, Libraire, rue des Mathurins, Saint-Jacques, nº 3 *bis,*
Et chez les Marchands de Nouveautés.

Août 1813.

AVANT-PROPOS.

UNE heureuse uniformité de goût, d'humeur et de caractère unit, depuis plusieurs années M. Thomas***, auteur des Lettres dont il s'agit, M. B***, de Vic-Bigorre et moi. Tous trois étudians en droit à Paris, nous y habitions la même maison rue du Foin-Saint-Jacques, et mangions à la même pension au cachet.

M. Thomas*** se distinguait dans les cours par une grande application, et par des succès aussi brillans que mérités ; il lisait beaucoup, faisait des extraits de toutes ses lectures ; il n'eût tenu qu'à lui de devenir un littérateur distingué : nous ne l'appelions que le docteur.

Mes deux amis finirent leurs cours il y a dix mois. Nous nous séparâmes. M. Thomas*** se retira auprès de sa famille pour y prendre l'étude de son père, ancien procureur an bailliage de Caudebec. M. B*** partit pour la Bigorre. Il ne savait pas encore s'il se fixerait auprès du tribunal de première instance, s'il postulerait à la Cour de Pau, s'il se ferait avoué, notaire ou avocat.

Avant de nous séparer, nous prîmes l'engagement de nous écrire souvent. B*** consulta notre ami commun sur le parti qu'il devait prendre. Cette intéressante correspondance commençait à peine quand l'ouvrage de M. Selves parut. Les débats auxquels ce livre a donné lieu dans deux journaux très-répandus, inspirèrent à mes deux amis le desir de le connaître.

Telles sont les graves circonstances auxquelles nous devons les lettres que je publie. Elles intéresseront tous les étudians, et même les anciens qui s'occupent plus des droits de leur profession que de son histoire.

Je dirai avec cette franchise, cette impartialité qui caractérise tous les éditeurs, que ce n'est qu'avec peine et par une puissante considération d'intérêt public, que le jeune et modeste auteur de ces lettres m'a permis de les publier, mais sous la condition expresse de ne pas y mettre son nom. Il m'est permis toutefois de le laisser deviner. Qu'attendre, dira-t-on d'un simple bachelier ès-lois sur des questions d'une si haute importance? Que pourrait-il répondre à un ancien legislateur à un jurisconsulte presque fameux?

Le silence de tous les avoués, greffiers

et huissiers de l'empire, si outrageusement attaqués dans son ouvrage, n'atteste-t-il pas assez leur impuissance de répondre. Ce silence n'est pas celui du mépris, mais de la crainte, et M. Selves le sait bien. De pareilles assertions valent bien la peine d'être examinées.

Les talens sont aujourd'hui plus précoces qu'autrefois, et dans tous les genres. Ils n'ont plus besoin d'être mûris par les leçons du tems et de l'expérience. On ne travaille plus que d'inspiration.

Fatigué, sans doute, de ne plus trouver de contradicteur, l'auteur a publié ou fait publier son apologie sous le titre modeste d'*Examen impartial*, *par M. V*, *avocat* (1). L'originalité de son talent l'a

____

(1) Avec cet épigraphe qui doit mettre tout le monde d'accord :

Le mieux est l'ennemi du bien.

trahi ; et on le croit généralement auteur de cette brochure de deux feuilles, y compris le titre.

Trop fier pour s'abaisser à une simple réfutation de M. Selves, *un clerc du palais* vient de s'élancer hardiment dans la même carrière, et marche presque son égal. Il ne lui manque pour être connu qu'une occasion, et un goût plus prononcé pour le scandale.

Ce jeune réformateur a adressé aux gouvernemens, aux hommes d'état, sa façon de penser sur l'*administration de la justice*. Montesquieu, après de longs voyages, de pénibles études, et un travail de plusieurs années, a donné son *Esprit des Lois* en trois ou quatre volumes. Plus hardi et moins diffus, le Solon imberbe du palais a aussitôt terminé que conçu son étonnante théorie, que son libraire offre au public dans trois feuilles d'impression proprement pliées, et pour le prix de 5o centimes ci-devant 10 sols. L'exiguité du volume a pu seul dérober jusqu'à présent ce chef - d'œuvre à l'admiration publique.

Il était réservé à l'illustre auteur de la *Mort aux procès*, ou *Tableau des désordres*, etc. de n'être dignement loué que par lui-même, et de ne trouver de rivaux et de censeurs que sur les bancs de l'école.

NOUVELLES LETTRES NORMANDES,

ou

CONSIDÉRATIONS

SUR

LA GRANDEUR ET LA DÉCADENCE

DE LA PROFESSION DE PROCUREUR.

Caudebec..... 1813.

LETTRE PREMIÈRE.

*Ancienneté de la profession de Procureur. —
Ses avantages,* etc.

Quoi qu'il en soit, serait-il vrai que *le savoir-
faire valût mieux que le savoir,* comme le
dit assez éffrontément ce Figaro, au milieu de

mille invectives, mille sarcasmes contre ce qu'il y a de plus sacré et de plus respectable, les procureurs et les médecins. A travers ces folies, ce Figaro avait quelques momens lucides ; car il dit encore ailleurs : « Si le fonds des procès « appartient aux parties, on sait bien que la « forme est le patrimoine des gens de justice » ; et nous serons bientôt, vous et moi, de ces gens-là. Je vais prendre l'étude de feu mon père qui fut de son vivant le plus érudit et le plus jovial des procureurs du bailliage de Caudebec. Il me répétait souvent cette maxime : *Meliùs est capere quàm sapere.* C'était un puits de science : il savait par cœur la pratique de Damondère et le style de Gaudet ; et, Dieu aidant, je veux soutenir l'honneur de son nom : *quamvis tantùm onus viribus impar.*

Si le savoir-faire vaut mieux que le savoir, il y a longtems que vous et moi nous sommes savans de cette façon-là. Oui, sans doute, le meilleur esprit est celui des affaires ; et je serais plus fier d'avoir fait un seul chapitre du Traité des hypothèques de Basnages que toutes les tragédies des deux Corneille. Pierre, l'un d'eux, n'était pas un sot, mais il n'a pas su profiter de ses avantages ; et oubliant qu'il était né Normand et destiné au barreau, il fit des vers, et voici ce qu'il en advint : il fut loué par quelques oisifs, persécuté par un ministre tout puissant, et mourut presque pauvre. Voilà du talent bien employé ! Si, au lieu de rimer quelques fariboles, il eût fait quelque traité *ex professo* sur quelque point de jurisprudence, ou grossoyé de bonnes requêtes, il aurait pu devenir un des illustres soutiens de la cour de Rouen.

Je fus plus sage et plus prudent ; et je me rappelle qu'étant encore au collège, je fis pour la fille d'un honnête huissier un couplet sur l'air de *la Bourbonnaise*. C'était, sans vanité, assez joliment tourné, et la petite fut toute honteuse de plaisir en m'entendant chanter ses attraits et mon amour.

Après un pareil essai, j'aurais pu me promettre aussi une grande réputation poétique ; car, enfin, une chanson ou une tragédie, c'est toujours des vers. Mais la Normandie a bien assez d'un Corneille : j'ai su me garantir de l'ivresse d'un premier succès, et je jurai de ne plus écrire que de bonne prose sur de bon papier timbré, et d'après les principes de nos formulaires.

La gloire littéraire et la misère vont toujours de compagnie, et je ne me soucie nullement

d'une gloire achetée au prix d'une honnête aisance et de mon repos.

On a beau dire qu'il en est autrement à
Paris ; je sais que partout il n'est rien qu'on ne
puisse obtenir avec de l'argent : donc il faut
tout faire pour avoir de l'argent. Les cliens ne
paient pas sans crier un peu ; ils n'ont pas toujours tort : il en résulte des scènes, des caquets
souvent très-désagréables, sur-tout dans une
petite ville ; mais qu'importe l'opinion du moment ? Je serai riche un jour, et alors je serai
considéré, estimé même tout autant que je le
voudrai.

Il vaut mieux spéculer sur les passions des
hommes que sur leurs besoins ; et leurs passions sont partout les mêmes. On parle en
France gascon, normand, basque et bas-bre-
ton ; chaque pays a son jargon, ses productions
et ses usages particuliers. On chercherait vainement dans le nord les figues, les olives et
les muscats délicieux qui mûrissent sous le ciel
brûlant du midi ; mais les procès naissent et
pullulent dans tous les climats. Il serait difficile
de décider qui, de la Normandie ou de la Gascogne, l'emporte en qualité et en quantité.
C'est le plus honnête passe-tems que puisse se
donner un homme un peu aisé ; il tient lieu

aux vieillards de tous les plaisirs du jeune âge.
Mieux vaut encore plaider que planter et bâtir ;
on jouit plutôt et tout autant que l'on veut. Il
n'y a vraiment que les gueux et les philosophes
qui médisent des procès : ils traitent avec la
même irrévérence les médecins. C'est encore
une belle profession que celle de la médecine,
et je me serais fait médecin si le ciel ne m'eût
fait fils d'un procureur.

Galien comme Barthole ont une langue qui
n'est entendue que par les initiés. On réfor-
mera tout, excepté le style des ordonnances
des médecins et des protocoles des procureurs.

Les avocats, qui auraient dû imiter notre
inviolable fidélité au style des anciens, ont né-
gligé depuis ces savantes citations, ces compa-
raisons si brillantes, si multipliées, tous les
ornemens qui donnaient aux mauvaises causes
tant de noblesse et d'importance. Quels trésors !
quelle inépuisable abondance d'érudition, d'ar-
guties scholastiques dans les actions forenses
de Pelcus, dans les plaidoiries de Lemaître,
de Gaultier, d'Escorbiac, etc. ! quelle séche-
resse, quelle vulgaire simplicité dans Cochin,
Loiseau de Mauleon, Bergasse, Elie de Beau-

mont ! Et voilà les modèles que l'on présente à nos jeunes gens ! cela fait pitié (1) !

J'apprends avec plaisir que l'exemple des novateurs n'a pas été contagieux pour vos avocats : Dieu soit loué ! Vous ajoutez que les procès foisonnent en Gascogne comme en Normandie. Il faut bien que l'on naisse dans vos contrées avec une singulière aptitude pour le litige ; il était réservé à un gascon obscur de venir faire à Paris le procès des procès ; de citer tous les tribunaux et tout ce qui s'y rattache, au tribunal de son opinion personnelle. Le Mans où la Nor-

____

(1) Autrefois, pour prolonger les plaidoiries, les mémoires, *les pièces d'écritures*, ont citait à tout propos, Bartole, Horace, Cujas, Aristote, Virgile, les statuts, la coutume, Homère et l'écriture sainte ; on mêlait, sans motif, dans les moindres causes, les dieux de la fable et les saints.

En voici un exemple sur mille. Un villageois avait un procès contre un meûnier. Il s'agissait de la moûture d'un sac de blé ; l'avocat du villageois, au lieu de parler de sa cause, ne parlait que du fleuve Scamandre. Son contradicteur, l'interrompt au milieu de ses éloquentes déclamations...... Je prie, dit-il, la Cour de remarquer que ma partie s'appelle *Michaud*, et non pas *Scamandre*.

(*Note de l'éditeur.*)

mandie, où , graces au ciel, on ne manque ni
de goût , ni ne subtilité , ni de hardiesse en
chicane , n'a jamais produit rien qui approchât
de *la Mort aux procès*. Le plus irrésistible besoin de plaider et de nuire a pu seul inspirer
ce volumineux libelle, à qui il ne manque qu'un
fonds de vérité et des preuves pour ressembler
à un acte d'accusation.

Il me suffit de savoir que M. Selves est né
non loin des bords de la Garonne, pour croire,
mon cher monsieur, tout ce que vous dites du
goût extraordinaire que l'on a pour les procès,
dans vos contrées. J'aurais cru que vous ne
teniez ce langage que par orgueil ; car on aime
à se vanter dans votre pays. Quel brillant tableau vous me tracez ! Pour peu, me dites-vous,
qu'un propriétaire soit aisé , il veut que ses
fils soient gradués en droit ou en théologie ;
mais en droit sur-tout. Pas un village qui n'ait
une douzaine de licenciés ; pas un laboureur
ou un vigneron qui, en donnant son coup de
pioche ou en conduisant sa charrue , ne hasarde
un innocent empiétement sur le terrain de son
voisin qu'il ne fait que prévenir : delà une instance en complainte ou en réintégrande , trans-
port sur les lieux, enquête sur l'époque et les
effets du trouble , contre-enquête....., incidens

interlocutoires, jugement, appel. Voilà de très-bonnes causes, et il n'y a qu'un article qui me déplaît, c'est l'obstination de vos cliens à suivre eux-mêmes les débats jusqu'à l'arrêt définitif; leur présence, leur importunité peuvent accélérer le terme de ces sortes de procès. Je n'aime pas ces cliens qui suivent les audiences; ils sont en général taquins et raisonneurs. Ils n'y gagnent rien; mais chez vous on ne regarde pas à la dépense, le succès compense tout; et, n'eût-il obtenu qu'une faible portion des dépens, un plaideur gascon oublie tout le reste s'il peut dire : *je savais bien, moi, que j'en aurais raison*, et il est content. Nos plaideurs normands tiennent moins à la gloire, mais beaucoup plus à l'argent : mais aussi nul retard, nulle lésinerie sur le règlement des honoraires: d'où je conclus qu'un plaideur parfait doit être ardent et fier comme un gascon, et payer comme un normand. Tout bien examiné, le Calvados doit s'humilier devant la Haute-Garonne.

Votre compatriote M. Selves, qui voit partout des désordres et des abus, ne s'est pas donné la peine d'examiner quelle était la véritable cause de l'augmentation des procès ; je la devine sans peine, et je ne le dirai qu'à vous, et tout bas : 1°. l'aisance devenue plus

grande et plus générale , parmi les ouvriers
et les gens de campagne ; 2°. le nombre trop
grand des tribunaux de première instance. Je
ne sais quel homme d'état avait proposé d'augmenter les attributions des juges de paix ,
qu'on ferait assister de deux assesseurs, et de
réduire les tribunaux d'arrondissement ; ce
projet m'a fait trembler. Vous saurez bientôt
comme moi , que tel qui se concilierait, s'il
était à dix lieues du tribunal , court sans
examen les chances d'un procès, parce que le
tribunal est près de lui. N'hésitez donc plus
à vous fixer dans votre Bigorre. Pourriez-
vous balancer entre la profession d'avocat , ou
de notaire et celle d'avoué? Vous serez tout
cela dans une modeste ville , telle que celle
où vous pourrez vous fixer , et à portée de
votre famille , de votre patrimoine. Là , un
procureur est tout.

Il faut vous rappeler et toute la dignité et
tous les avantages de cette profession : un seul
suffirait pour faire cesser vos irrésolutions. Votre
intérêt.... Mais vous êtes gascon, partant, pres-
qu'aussi fier qu'intéressé. Je vais donc vous li-
beller en peu de mots l'antique origine des
procureurs, la cause et l'absurde iniquité des
satires de tous les genres publiées contre eux ;

leur noble et constante résistance , leurs com-
bats et leurs triomphes.

Je terminerai par la facile et complète réfutation
de l'un ou l'autre ouvrage de votre fougueux compatriote, sur lequel vous me demandez mon avis.

C'est dans notre profession sur - tout qu'on
sent le prix d'un travail soutenu. J'ai ap-
porté ici quelques dossiers et les livres dont
s'agit pour m'aider a passer les petites vacances de la Pentecôte. On ne connaissait pas
autrefois ces tems de repos. Point d'autres
vacances alors que de celles de l'Assomption
à la Saint-Martin. Vous apprendrez par mes
autres lettres combien tout est dégénéré au
barreau. Un procureur autrefois n'osait se permettre de s'éloigner de son étude ; c'est ce
que nous apprend le docte et éloquent Jean
Bouchet , procureur poitevin et poète. Je vois
d'ici votre étonnement. Un procureur poète !
oui , et fameux , même. On le surnommait
l'*Esclave fortuné* , *le Traverseur des voies pé-
rilleuses* ; il était non-seulement poète , mais
historien et orateur. Il a laissé force ballades ,
sonnets , rondeaux , des épîtres et des annales.
A tous ces titres brillans il préférait celui de
procureur :

Par ton ami , compagnon de Bazoche ,
C'est Jean Bouchet à-present porte-poche.

Comme le stile élégant et facile de ses ouvrage
répond dignement à la piquante originalité de
leurs titres ! l'*Amoureux transi, sans espoir* ; *les
Angoisses et remèdes d'amour* ; *les Renards
traversans et Loups ravissans* ; *les Triomphes
de la noble et amoureuse dame* ; *les Débats
d'entre la chair et l'esprit* ; *Contemplation ou
Oraisons à la Viege Marie*, *à tous les Anges
et Saints du Paradis*....

Ses immenses travaux litttéraires n'avaient pas
gâté son stile : à la rime près , ses ouvrages ont
l'élégante précision de nos doctes formulaires :

> Le premier fut *les renards traversans*,
> L'an mil cinq cens , qu'avais vingt et cinq ans.

Les clercs trouvent toujours les vacances trop
courtes. Les procureurs en la cour ont le
même défaut. Jean Bouchet leur apprend les
dangers de l'absence et d'un trop long repos ,
comme je vous le disais plus haut :

> Je suis sujet à charge palatine
> Qui ne veut point qu'ailleurs on se destine ;
> Un procureur en un mois tout perdra
> Son bruit, son nom. Rien plus ne lui viendra
> Si pas un mois de son état s'éloigne.

Cet illustre ancien , florissait vers le milieu du
siècle seizième ; je ne vous ai cité cet exemple
célèbre que pour prouver à nos détracteurs,

qu'un procureur peut, tout comme un autre, s'illustrer dans la carrière littéraire quand il veut
bien s'en donner la peine : témoins les vers
de Jean Bouchet, la prose de M. Selves et la
mienne.

Vale, et me ama.

DEUXIEME LETTRE.

En continuation.

Je n'examinerai point si l'origine des procureurs est plus ancienne que celle des médecins, s'il y a eu des fièvres avant qu'il y eût
des procès. Il faudrait remonter à la formation
des premières sociétés. Je sais seulement que
ce qui distingue chez les modernes le degré
de civilisation est le plus ou moins grand nombre
des écoles de médecine et de droit: seulement
il fut un tems où les médecins étaient sorciers ;
on n'en a jamais dit autant des procureurs,
quoique souvent, dans leurs accès de mauvaise
humeur, les malades et les cliens les envoient
souvent indistinctement au diable.
  Je pourrais, pour vous fixer plus en détail
sur l'histoire et les progrès de notre institution,

vous renvoyer au Dictionnaire de pratique ,
à tous les vieux commentateurs , glossateurs ,
annotateurs du droit romain et du droit cou-
tumier ; mais qu'il vous suffise de savoir que
cette inestimable institution est toute romaine.

Les préteurs qui étaient les juges de ce tems-là,
avaient substitué au texte trop simple des lois des
douze tables qui composaient le premier code
très-borné et très-mesquin des Romains , une
heureuse et savante complication de formules,
et chaque nouveau préteur ajoutait à celles
imaginées par ses prédécesseurs. L'etude des
lois proprement dites était facile , mais celle de
la procédure était immense , infinie. Delà le
besoin d'hommes laborieux , substiles , infati-
gables , pour en connaître , en combiner tous
les rapports. Delà , la nécessité , l'utilité des
procureurs. Les causes de tous les plaideurs
du plus vaste des empires devinrent leur patrimoine. Delà cette dénomination qu'ils ont
toujours si bien justifiée , et qui exprime le
vrai caractère de leur profession : *Dominus
litis*, maître du procès ; dès-lors fut reconnu
ce droit constant , universel , attribué aux
procureurs dans toutes les discussions judiciaires , droit que l'autorité des monarques a
pu restreindre , mais jamais détruire.

Tout est problème sous les Cieux ;
On a beau mettre en évidence,
Les droits les moins litigieux,
Thémis , quoique fille des Dieux ,
Voit souvent trouble à l'audience.

Jugement de Pluton , p. 13.

Que serait - ce sans l'innappréciable science des formes qu'il a fallu créer en France où elle est si scandaleusement négligée ? L'Empire Romain s'écroula ; le vaste corps de lois compilées par ordre de Justinien, par Tribonien, Ulpien, etc. etc, fut perdu pendant une longue suite de siècles. Enfin les Pandectes furent découvertes à Florence...... Mais le formulaire des *procuratores ad lites* , est perdu sans retour, ce trésor est resté enseveli sous les derniers débris de l'empire du monde , et rien ne peut compenser sa perte ! Que nous importe les vers et la prose de Virgile, de Tacite , d'Horace , de Tite-Live, et autres , tant prônés par des oisifs ?... Que nous importe de savoir quels étaient les exploits, les talens , les mœurs du peuple - roi, les ouvrages de ses artistes et de ses savans ? On en a fait mille fois plus depuis un siècle, et dans la France seule. Mais combien nous devons regretter le vrai Code de procédure des Romains ! qu'il devait être parfait ! C'est en invoquant ses dispositions, que Me. Hortensius put faire un interminable procès à un citoyen romain qui, en passant, avait dérangé un pli de son manteau. Qu'on me cite dans les annales de nos tribunaux de police anciens ou modernes, même à Paris, rien qui approche de ce trait. On s'y coudoie, on se froisse impunément dans nos promenades et au spectacle. Hélas ! il faut chez nous qu'il y ait tache indélébile ou lacération grave, pour que l'offensé puisse hasarder une plainte devant un tribunal municipal ; et les procureurs ne se mêlent jamais de ces *procillons*-là.

Ce que l'on traiterait à présent de ridicule bagatelle, pouvait devenir chez les Romains le sujet d'un procès très-sérieux. Quel dommage que la partie de leur Code consacrée aux délits de toilette ne soit pas venue jusqu'à nous !

Notre France fut longtems privée de procureurs. On retrouve, il est vrai, dans les premiers siècles de son histoire, des avoués qui en tenaient lieu; mais quelle différence dans leur manière de conduire les affaires ! point de grosse, point d'expédition, pas un seul petit carré de papier à exploiter; et cela, par une raison sans replique ; ces avoués , bonnes gens d'ailleurs , ne savaient pas écrire ; ajoutez la plus brutale , la plus expéditive célérité dans les procès. Les avoués ne plaidaient pas , ils se battaient de par et pour leurs cliens ; ils exposaient étourdiment leur vie pour soutenir les droits d'un tiers ; nous n'avons conservé de ces tems barbares que l'usage , alors sagement établi , de se faire payer d'avance : on appelait ces étranges procédures le jugement de Dieu : c'était joindre le blasphême à la brutalité ; il faut avouer que la manière de décider les procès aujourd'hui , est plus digne de l'intervention de la Providence ; et l'on s'aperçoit bien avec quel zèle et quelle franchise les plaideurs , les gens de robe , invoquent ses lumières et son équité !

Les avoués des tems barbares , moins légistes que spadassins , n'oubliaient pas leurs intérêts : qui sait même si , par une prudente collusion , ils ne convenaient d'avance de s'épargner mutuellement dans le combat? Ceux de l'église étaient sur-tout fort riches ; il fallut une ordonnance expresse pour leur défendre *d'aller aux plaids* avec plus de trente chevaux ; quel train ! Bien leur en prenait de défendre en plein air ; le lieu des plaids devait être un vaste champ :

délà sans doute le mot de *Cour*, conservé aux
salles d'audience des premiers corps de l'ordre
judiciaire.

Je reviens à l'escadron brillant dont s'entou-
rait chaque avoué allant *aux plaids*. trente chevaux n'annonçaient qu'une demi-fortune ; et
de nos jours on ose se récrier si un homme
d'affaire, un procureur, un notaire, a une
maison de ville en bon lieu et sortablement
meublée, un domaine passablement agencé,
quelques contrats en portefeuille, une caisse
à-peu-près garnie, une grisette en chambre et
un modeste cabriolet pour le voiturer promp-
tement partout où l'appellent ses devoirs ou
ses plaisirs. Ils en parlent fort à leur aise,
ces gens qui n'ayant rien à perdre et ne voulant rien gagner, ignorent ce qu'il en coûte de
peine, de soin, de fatigue, de rusé, de sou-
plesse et de travaux de tous les genres, pour
écrire, parler, courir, requérir, solliciter.....
pour les autres. N'est-ce pas payer assez cher
une honnête aisance et d'innocentes distractions?

Si l'usage de décider les causes d'après le jugement de Dieu et la bravoure des *avoués* se
fût conservé jusqu'à nos jours, je doute que
j'eusse embrassé la carrière judiciaire; mais cet
usage barbare a cédé à des formes plus douces

et plus commodes. Chaque contrée eut un code particulier et celui du souverain ; on cessa de se battre, on parla, on écrivit pour soutenir les causes : la découverte des Pandectes donna une nouvelle activité à tous les tribunaux. Adoptées par quelques parties du midi de la France, elles ne furent considérées dans le nord que comme *raison écrite* sans avoir l'autorité de loi. Là on suivait le droit écrit dans certains cas, et la coutume dans d'autres ; ici le droit écrit devait céder à la coutume. Cet admirable conflit nous rendit nécessaires, et bientôt nous avons pu, comme les procureurs Romains, nous proclamer les maîtres de tous les procès : *domini litium.*

Tout allait le mieux du monde. On plaidait sans s'entendre ; la foule toujours croissante des arrêtistes, des commentateurs, annotateurs, etc., avait réduit la raison en problême, et les principes des lois en paradoxe : le texte originaire avait disparu sous mille in-folio de décisions et de commentaires contradictoires. La même question était décidée diversement à Rouen et à Paris, et souvent même à deux tribunaux du même ressort. L'invention de l'imprimerie multiplia à l'infini les traités *ex-professo.* Un article de quelques lignes devenait le texte d'un in-folio qu'on retrouvait dans toutes les bibliothèques des jurisconsultes : les gens de loi n'eurent plus que l'embarras du choix. L'ordre judiciaire se divisa en plusieurs branches également avantageuses, et le plus infatigable praticien était forcé d'opter entre les matières civiles, les matières bénéficiales et les matières féodales. Peu de causes criminelles exigeait leur ministère, dans ces tems de gloire et de prospérité pour le Barreau ; on prononçait sans débats judiciaires sur l'honneur, la liberté, la vie d'un citoyen ; mais s'il s'agissait d'un pouce de terrein, d'une simple prérogative féodale ou religieuse, les écritures, les rapports, les plaidoiries se prolongeaient pendant plusieurs années ; et, en pareil cas, un procureur pouvait toujours compter sur un honoraire compétent.

Ces tems heureux sont déja loin de nous, et nous sommes réduits à glaner avec peine où nos pères moissonnaient tout à leur aise !

Les rois s'avisent, par fois, de se mêler un peu de ce qui se passe dans leurs états. Louis XIV voulut soumettre tous les Français aux mêmes lois (on n'est jamais trahi que par les siens), et des procureurs se réunirent à des magistrats pour la rédaction et l'exécution de ce plan de réforme : ce Code de 1667, fruit

des méditations de D'Aguesseau , et du sévère
Pussort parut, il fut proclamé loi générale de
tout le royaume ; un nouveau tarif fut arrêté,
publié. C'en était fait de nos plus beaux pri-
viléges ; l'orgueil des parlemens nous épargna
tant de honte et de perte, l'antique usage pré-
valut contre ces dangereuses innovations ; les
anciens ne cessèrent d'invoquer la jurisprudence
du ressort , chaque cour appuya leurs préten-
tions ; et graces à cette honorable fidélité à
l'usage , la loi nouvelle tomba en désuétude ; et
en dépit de l'ordonnance et de ses économes
rédacteurs et de leurs tarifs, nos anciens con-
tinuèrent à faire leurs petites affaires comme
auparavant ; ils en furent quittés pour la peur.

Nous étions réservés à un malheur plus réel ;
une révolution qui a tout bouleversé, et frappé,
annéanti toutes les institutions bonnes ou mauvaises ne nous a pas épargnés ; notre ministère
fût supprimé, et la finance des offices rem-
boursée en papier d'insignifiante valeur. Mon
père, comme tant d'autres , ne perdit point
courage ; munis des pouvoirs des parties , les
procureurs supprimés se présentèrent pour
elles aux tribunaux comme mandataires, et ils
parvinrent même à rendre inutile l'assistance
des avocats. Ils réunirent l'instruction de la

procédure à la plaidoirie..... Plut au ciel que les choses en fussent demeurées à ce point !

Mais la sagesse et la puissance réunies dictèrent un nouveau code , nos droits furent fixés ; on a réduit les procureurs à envier le sort d'un conseiller ; on a porté la sévérité jusqu'à les rendre responsables de leurs erreurs volontaires ou involontaires. Vainement ils invoqueraient les arrêts rapportés par Bretonnier et sa sage doctrine si longtems , si justement respectée ; on ne peut plus dire après lui et comme lui, que les procureurs ne sont pas responsables des défauts dont sont *viciées* leurs procédures quelle que soit la cause de ces défauts. On peut vivre, mais non pas s'enrichir avec le nouveau tarif. Tout cela est bien malheureux sans doute, je n'ose en gémir qu'avec vous ; le mal me paraît sans remède ; nous avons contre nous ce qu'ils appellent la raison , la justice , l'autorité des lois et l'opinion publique : il a fallu céder.

Mon père n'a pu se décider à renoncer à ses habitudes , et cette considération le détermine à me céder son étude plutôt qu'il ne l'avait projeté ; je continuerai ses travaux sous une autre dénomination, et j'espère avec les heureuses dispositions que je me connais et ses conseils , y trouver encore quelque gloire et quelque profit : dans mes loisirs j'ai fait une étude particulière du tarif, et je vous en dirai mon sentiment.

Autrefois les auditeurs des comptes portaient à leur ceinture de grands ciseaux pour marque distinctive de leur ministère. Ce n'était pour eux qu'une décoration purement honorifique. Les rédacteurs du nouveau tarif, sans faire parade de ce cruel instrument, en ont réellement fait usage; ils ont rogné, rogné, rogné tout ce qu'avait épargné l'ordonnance de Louis XIV et même les économistes révolutionnaires.

J'ai osé me familiariser avec ce sévère tarif, et je l'ai trouvé moins effrayant; méditez-le, n'omettez aucun acte d'instruction, aucune formalité, aucun incident même en matière sommaire; si vous occupez pour plusieurs parties dans la même cause, prenez pour chacune d'elles le nom d'un de vos confrères, à la charge d'autant, le cas y échéant, sur-tout en matière de licitation et d'expropriation, et vous trouverez avec une douce surprise qu'il est encore très-possible d'en tirer un honnête parti.

Il ne faut jamais se désespérer; on sauve toujours quelque debris d'un grand naufrage : ainsi ferai-je; je plaiderai comme si j'avais pris mes licences, et on me paiera à l'avenant. Les petites vacances de la Pentecôte touchent à leur terme. On trouve toujours, quand on le veut, l'occasion de bien faire. Il n'y avait dans le village où j'ai mon domaine que deux ou trois petits procès quand j'y vins, il y a huit jours ; j'ai vu tous mes voisins, et il n'y a pas aujourd'hui une seule famille qui n'ait donné ou reçu un exploit, et j'occupe pour tout le monde : mon père applaudit à mon activité, il me juge digne de lui succéder.

Vous lui devez aussi quelque reconnaissance ; je lui ai communiqué vos lettres, et c'est d'après ses notes savantes que j'y réponds.

J'eus longtems les mêmes doutes que vous, je vais vous les exposer franchement ; les sages observations de mon père et quelques études nouvelles ont fixé toutes mes incertitudes.

Il me tarde d'apprendre que vous avez terminé enfin l'acquisition du cabinet de M°..... Je ne vous pardonne pas vos lenteurs, voilà de ces marchés qui sont toujours avantageux. Signez et payez : ce n'est pas à vous à vous mettre en peine de la rentrée de votre capital. On croirait à vos scrupules que les gens de votre endroit ne sont pas aussi *pécunieux*, aussi amateurs de procès que vous le dites ; on aime à se vanter dans votre gascogne..... Quant à moi je ne veux que procès, j'ai juré de vivre et de mourir sur mes dossiers, et enfin

d'être tout entier à la cause et sans nulle incertitude sur mes intérêts , je ne reçois aucun
dossier , qu'il ne soit dûement accompagné
d'une somme à valoir sur les frais. Mon père,
pendant trente ans d'exercice , ne s'est pas une
seule fois écarté de cet antique et sage maxime :
salarium debet solvi advocato in principio litis.
L. 1 , D. ff. *divus :* faites-la traduire *en béarnais,*
et qu'elle soit placée en gros caractère dans le
lieu le plus apparent de votre étude. Je n'ai
jamais lu Tacite , ni Tite-Live : deux lignes de
la grande glose en disent plus que leurs écrits
si vantés sur l'histoire de l'empire romain.
Quelle devait être grande et puissante cette
nation où le *minimum* des honoraires d'un procureur, exigibles *in pricipio litis,* ne pouvait
être au-dessous de cent écus d'or ! *Salarium
procuratoris sicut et advocati , non excedet
centum summam aureorum.* (*D. gl. f. et. ib.
add. marg.*) Ce seul passage de la Glose peint
mieux les Romains que les écrits des historiens
et des philosophes. C'est une remarque que je
fais tout naturellement , et à laquelle , avec
tout son esprit , votre Montesquieu n'avait pas
pensé.

Il me reste encore beaucoup de choses très-
instructives et très-judicieuses à vous dire sur

l'origine, et les prérogatives de notre profession ; ce sera le sujet de ma prochaine lettre.

Croyez, etc......**M. T.**

P. S. On vante beaucoup les jambons et le chocolat de votre pays ; j'en ai parlé à ma jeune femme et à mon père, et ils ont osé me soutenir que l'éloge que j'en fais n'est qu'une gasconnade. Je n'ai parlé que d'après vous, et je voudrais bien n'en pas avoir le démenti.

TROISIÈME LETTRE.

J'ai cru longtems que l'établissement des procureurs dans le bon pays de France, datait au moins de l'établissement de la monarchie. Je pensais que les Romains, en introduisant dans les Gaules leurs lois et leurs usages, s'étaient empressés de faire jouir les peuples vaincus de cette belle institution si accréditée dans la capitale du monde. Je me disais : les Gaulois, nés pour la guerre, ne pouvaient s'occuper de leurs intérêts civils. La gloire des armes était leur unique passion : semblables aux Romains leurs vainqueurs, ils devaient, comme eux, confier à d'autres moins braves, moins ambitieux, mais plus laborieux, plus expérimentés dans les affaires, le soin de les défendre devant les tribunaux.

La conquête des Gaules à peine achevée, des colonies de *procuratores ad lites* ont dû se répandre dans le pays conquis. Eh bien, toutes mes conjectures étaient mal fondées. J'interrogeai nos vieux auteurs; le nom même de procureur fut inconnu en France jusqu'au quatorzième siècle.

Les formules de Marculphe, les observations de l'annotateur des assises de Jérusalem, Houard, dans son recueil des anciennes lois des Francs, nous ont appris les noms et les attributions de ceux qui, dans des cas alors très - extraordinaires, se présentaient pour d'autres devant les tribunaux. Dans ces tems d'ignorance et de barbarie, les parties se défendaient presque toujours elles - mêmes ; chacun, sous la foi du serment qu'on croyait sacré, exposait tout simplement le fait et les motifs de sa réclamation, et les juges prononçaient sans remise et sans frais. Sans frais !!! comme tout s'est perfectionné depuis. Croiriez - vous qu'alors même il fallait une autorisation spéciale du prince pour se faire représenter devant les tribunaux ?

Le docte Marculphe nous a conservé le protocole de ces autorisations qui devaient être bien rares. Il fallait que celui qui les demandait fût absolument hors d'état de parler lui-même, et dans un état notoire d'incapacité. *Fidelis propitio Deo , ille ad nostram veniens præsentiam suggessit nobis , quòd propter simplicitatem suam, causas suas minimè prosequi..... petit ut vir ille causas suas in vices ipsius deffendat , etc.* (Marculphe, liv. 1, form. 21.)

Rien de plus bizarre que les noms donnés à ces mandataires *ad lites*. On les appela d'abord répondans , défendeurs ou protecteurs. A ceux-ci succédèrent les plaideoirs , les attorneys légaux , les attorneys volontaires , les réclamateurs , censeurs, conteurs , etc. Ce ne fut qu'au commencement du quatorzième siècle qu'il *est fait mention* des procureurs. Des lettres de Philippe VI , du mois de février 1327 , parlent de procureurs au Châtelet. L'acte le plus ancien qui soit relatif à l'établissement de ceux du parlement , est un traité pour l'organisation d'une confrérie avec le curé de Sainte-Croix.

Non moins pieux que prudens , ces illustres fondateurs appelèrent la protection céleste sur leur institution naissante , et leurs vœux ont d'abord été exaucés. Cette prospérité a été parfois troublée : des alarmes momentanées étaient le moindre châtiment qu'avaient encouru nos anciens par leur ingratitude. La dévote confrérie formée en 1541 fut bientôt négligée, et vous savez ce qui s'en est ensuivi. Ils n'eurent longtems qu'une existence précaire ; ce ne fut qu'en 1446 qu'ils furent légalement constitués par le roi Charles VII de judicieuse mémoire. Ce trait seul aurait suffi pour illustrer son règne, et les historiens n'en parlent pas. Le souvenir de ce grand, de ce mémorable évènement n'existe que dans les recueils d'édits. J'avoue à ma honte que j'ai longtems ignoré quel tribut de reconnaissance je devais à sa mémoire, en ma qualité de procureur. Voltaire, qui a célébré ce grand roi, son Agnès, sa Jeanne et jusqu'à son maître-d'hôtel Bonneau, s'est arrêté à la levée du siége d'Orléans, en 1431.

Charles VII, après avoir reconquis ses états, fait la paix avec le duc de Bourgogne en 1435, chassé les Anglais de Paris en 1436, mit le comble à la gloire de son règne par cet immortel édit de 1446. Ce monument de sagesse, de prévoyance et de bonté, fait à-la-fois l'éloge de son cœur, de ses talens et de sa raison, dont on n'a jamais douté.

L'honorable titre de procureur s'est maintenu

depuis et pendant plus de quatre siècles ; il est aujourd'hui remplacé par celui d'avoué, qui, Dieu aidant, ne deviendra pas moins illustre. Je ne puis cependant me rappeler sans douleur l'ancien titre si justement regretté, auquel se rattachent tant de souvenirs de bonheur, de fortune et de considération. Aurions-nous perdu avec lui tous ces précieux avantages ? *Di omen avertant.*

On ne peut se dissimuler que, tant qu'il subsista, tout allait le mieux du monde ; la gloire, la prospérité de notre profession semblait attachée à ce nom aussi heureux que célèbre. Avant qu'il fût en usage, et depuis qu'il a été remplacé par un autre, tout nous a été, tout nous est contraire.

Quels pouvaient être, en effet, dans ces tems reculés, les émolumens des *sollititeurs*, des attorneys légaux et volontaires, conteurs et de leurs successeurs immédiats ? vous pouvez en juger par ce passage d'un auteur célèbre du dernier siècle.

« On payait, dit-il, quarante fois moins « d'épices qu'aujourd'hui ; il n'y avait dans le « baillage de Paris que quarante-neuf sergens. « Il est vrai que Paris n'était pas la cinquième « partie de ce qu'il est aujourd'hui (1760) ;

« mais le nombre des officièrs de justice s'est
« accru dans une bien plus grande proportion
« que Paris. »

Quels devaient être les honoraires des gens
de loi? Ah! fort au-dessous sans doute du *minimum* honnête accordé chez les Romains, *centum summam aureorum.*

Il n'y a plus d'épices! on a pensé que les
juges, organes du souverain, ne devaient pas
être payés par les particuliers; qu'en leur donnant leurs justiciables pour tributaires, c'était
les intéresser à multiplier les procès, à éterniser
les procédures. Si cette dernière assertion est
vraie, nous devons aussi regretter les épices.
Mais serait-il raisonnable que tous les frais de
justice fussent à la charge des plaideurs? Cette
grave question n'est pas de mon sujet.

Quelle que fût alors l'excessive modicité des
honoraires, du moins on ne plaidait plus *gratis.*
Croiriez-vous qu'il fut un tems (les Français
devaient être alors de vrais sauvages) où les magistrats et tous les agens de l'ordre judiciaire
exerçaient gratuitement leurs fonctions? Certes,
les juges étaient bien les maîtres de juger *gratis*;
mais le comble du vandalisme et de l'iniquité,
c'est que les huissiers même n'étaient payés ni
par l'état ni par les parties. C'est le véridique,

l'infaillible Loiseau qui nous l'assure. Après
avoir dit et répété que les juges exerçaient *gratis*, le grand homme ajoute, avec cette élégance, cette pureté de style que vous lui con-
naissez : « Voire encore les ministres des ma-
« gistrats, comme greffiers, notaires, sergens
« *et autres semblables*, ne prenaient du com-
« mencement rien des parties. » Rien des parties ! L'auteur s'attendait bien que la postérité
aurait peine à croire à un désintéressement aussi
extraordinaire ; et pour prévenir tous les doutes
et toutes les objections, il ajoute que les juges,
greffiers, procureurs, etc. s'obligeaient par serment à exercer *gratis*. Alors les gouverneurs des
provinces réunissaient tous les pouvoirs civils,
militaires et judiciaires, et voici quelle était la
formule de leur serment : *Tales studebo assu-
mere circà me omnes, ut non ego solùm purus
sim, sed etiam qui circà me sunt.* Ce n'était
qu'un serment, me direz-vous : j'en conviens ;
mais dans ces tems barbares, on regardait un
serment comme la chose du monde la plus sé-
rieuse, lors même que la formule était écrite
et prononcée dans une langue que souvent le
magistrat et l'assermenté ne comprenaient pas.

On avait alors la simplicité de regarder comme
impur le salaire le plus légitime. Malgré la con-

fiance respectueuse que j'ai pour l'illustre auteur du *Traité du déguerpissement*, pour l'immortel Loiseau, je ne conclus pas avec lui que
tout se faisait gratuitement au barreau, mais
que les honoraires et droits étaient excessive-
ment modiques. Tout était relatif ; on dépen-
sait beaucoup moins et on travaillait beaucoup
plus qu'aujourd'hui. Les bonnes gens allaient
aux plaids à l'aube du jour, et terminaient souvent en une heure tel procès que le moindre
clerc prolongerait aujourd'hui pendant plusieurs
mois.

Il paraît même que les praticiens d'alors
n'avaient pas besoin d'étude ; ils faisaient eux-
mêmes toutes leurs écritures au palais. « En
« tous les palais des parlemens de France, il
« y a de grandes salles pour les procureurs,
« auxquelles leur nom est écrit, et à l'en-
« droit dudit nom, ils ont leur banc et table
« pour travailler pour leurs parties, auxquels,
« par les anciens règlemens de la cour, ils
« étaient tenus de se rendre dès cinq heures,
« que la cour entre, avec leurs registres. Et de
« fait j'ai vu il y a quarante-cinq ans, que je
« commençais de fréquenter le palais, l'hiver
« d'après la Saint-Martin, cela observé, et la
« chambre éclairée d'autant de bougies ou chan-

« delles que de bancs ; voire même deux en un
« même banc, le nombre des procureurs ayant
« tellement accru qu'il n'y a assez de place pour
« fournir de bancs à chacun d'eux ; à cause de
« quoi ils sont contraints s'accommoder de
« deux en deux en un banc ; lequel banc, aux
« issues du palais, sert aux sieurs conseillers
« et commissaires d'aller tenir leur *audiant*
« *partes*. » (*Des parlemens de France* ; liv. 2,
p. 136.)

Un procureur alors, faisant tout son travail
lui même, et au palais, s'y rendant avant cinq
heures du matin, s'épargnait beaucoup de frais
en loyer, en meubles ; il pouvait se passer de
clerc ; leurs honoraires devaient être bornés
comme leurs besoins. Nous en avons d'autres
aujourd'hui très-dispendieux et vraiment indis-
pensables, dont le barreau gothique n'avait pas
la moindre idée. L'entretien seul d'une étude
très-ordinaire coûte plus à présent que ne coû-
tait autrefois l'entière dépense d'une année de
toute la famille d'un procureur en la cour.

Les premiers magistrats donnaient l'exemple
de cette ridicule parcimonie.

Quelques traits sur mille vont vous convaincre de la simplesse des magistrats et des
jurisconsultes de ce bon vieux tems.

Giles le maître, premier président au parlement de Paris, sous Henri II (1550 environ), stipulait dans un bail qu'il passait avec les fermiers de sa terre près Paris, « *qu'aux quatre* « *bonnes fêtes de l'année, et au tems des ven-* « *danges, ils lui amèneraient une charrette* « *couverte et de la paille fraîche dedans, pour* « *y asseoir sa femme et sa fille, et qu'ils lui* « *ameneraient aussi un ânon ou ânesse pour* « *monture de leur chambrière;* pour quant à « lui, il allait devant sur sa mule, accompagné « de son clerc à pied. »

Ainsi faisaient les procureurs, et il y avait cependant plus d'un siècle qu'ils étaient légalement institués; leurs épouses, simples comme des fermières, s'occupaient des moindres détails de leur ménage, et n'avaient pas la moindre idée d'élégance et de bon goût. La femme de Geoffroi Camus de Pontcarré regardait comme un luxe fort au-dessus de sa condition et n'osa se permettre de porter une paire de bas de soie qu'une de ses tantes, mariée à la cour, lui avait envoyée pour ses étrennes.

Un premier magistrat sur une mule; son clerc à pied; sa famille en charrette; l'épouse d'un grand jurisconsulte en bas de laine tricotés par elle-même!!! Quels tems! quelles mœurs ! Et ; par saint Yves, les procureurs allaient donc à l'audience en guêtres, et les huissiers en sabots !

Mais les arbres les plus tardifs dans leur croissance, sont aussi les plus robustes et les plus durables. L'élégant et svelte acacia croît, s'élance et fleurit en peu d'années ; le chêne majestueux élève lentement sa cime séculaire. M. Diafoirus père disait avec raison que l'on grave plus facilement sur le sable que sur le marbre. Nos anciens étaient déstinés à rencontrer tous ces obstacles et à les vaincre ; un seul leur a été épargné, et je ne puis en expliquer la cause : ils ont échappé à la plus redoutable concurrence, celle des femmes. Vous vous moquez peut-être de la singularité de mes allarmes ; mais rappelez-vous avec quelle exactitude scrupuleuse nous avons imité les moindres usages du barreau des Romains (1) ; leurs lois sont les nôtres ;

---

(1) Nul doute que des dames romaines n'aient plaidé à Rome, et pendant longtems. L'histoire vante les talens et les succès d'Hortensia et d'Amélia, *quia sub specie fœminarum animum virilem gerebant.* Un édit solennel leur enleva ce brillant privilége ; ce fut une certaine C. Aphrania qui en fut la cause, *quia assiduis latratibus impleverat tribunalia. Latratibus* ! quelle expression ! quelle sévérité ! Cette Aphrania n'avait apparamment que du talent.

nous les invoquons encore tous les jours ; leur toge nous couvre. N'est-il pas étonnant qu'à l'exemple des dames romaines, les dames françaises, qui, dans les sciences, les arts et la littérature, ont, depuis deux siècles sur-tout, disputé aux hommes le prix des talens, de la gloire et du génie, aient dédaigné le barreau ? Elles n'auraient fait d'ailleurs qu'imiter les Gauloises, leurs aïeules. Il faut être juste, nos dames ne sont pas aussi étrangères aux affaires du barreau qu'elles le paraissent ; elles ne plaident pas, il est vrai, mais elles sollicitent.

Une solliciteuse en pleurs et sous les armes, n'a jamais gâté la plus belle cause, c'est souvent la meilleure pièce du sac ; et j'ai pour maxime de demander à mes cliens si leurs femmes sont jeunes et jolies. Un mari ne sait pas ce qu'il peut gagner à la laisser agir de par et pour lui : il faut que la cause soit bien évidemment insoutenable pour ne pas être gagnée d'emblée avec un aussi puissant auxiliaire.

Mais il est malheureux pour nous, pour nos cliens, que les dames en général ne prennent goût aux procès que lorsqu'elles ne peuvent plus rien faire pour en *éclairer* la discussion.

S'il peut être utile à un plaideur d'avoir une femme jeune et jolie, c'est aussi un

point important pour un procureur , aux
risques de tout ce qui peut en advenir. Dans
nos petites villes tout le monde se voit et se
visite. Les juges, les gens de barreau , ne sont
pas obligés de s'isoler : on reçoit, on est reçu,
et une agréable maîtresse de maison , une bonne
table , sont , sur-tout au barreau , deux puissans
moyens pour obtenir et conserver une bonne
clientelle. Tous les gens de robe sont galans et
gourmets.

Vous le voyez , je n'ai pas de secret pour vous,
je vous transmets , avec la plus franche amitié,
tous les bons conseils , toutes les excellentes observations de mon père.

Je vous entretiendrai dans ma prochaine de
la loyauté , de la modestie et du désintéressement qui caractérisent les gens de notre profes-
fession, et de la formule de notre nouveau serment. Je désirerais pouvoir , par la même lettre,
vous accuser la réception du chocolat et du
jambon. Je vous croyais plus de zèle pour
la réputation de votre pays. Adieu , rancune
tenante.

QUATRIÈME LETTRE.

Des critiques et des Satires publiées contre les Procureurs ; Causes et effets d'icelles.

Les beaux esprits et les esprits forts ont affecté, dans tous les tems , de braver les médecins , les procureurs et même les juges. Les avocats n'auraient qu'à se louer des auteurs dramatiques, sans la farce de l'*Avocat patelin.* Dans les autres pièces que j'ai vu représenter , ces messieurs ne sont mis en scène que d'une manière honorable ; mais ces auteurs ont été sans pitié pour noûs. Qui ne sait pas leur impertinente scène de *Sangsue* et de *Brigandeau.* Le poète maudit qui l'a imaginée , venait sans doute de perdre un procès. Et la *comédie* des *Plaideurs* fut encore inspirée à ce Racine qui avait bien assez de ses autres pièces pour se faire une réputation vaille que vaille. Il n'y eût jamais pensé sans la perte d'un procès qu'il avait osé soutenir contre toute justice. Voici le fait.

Ce Racine , qui avait surnom *Jean,* avait un oncle moine , qui , voulant faire de lui un honnête ecclésiastique , lui résigna un bénéfice. Le neveu acccepta avec plaisir ; mais voulant sacrifier à-la-fois à Baal et au Dieu d'Israël, il s'obstina à garder le bénéfice sans prendre le capuchon ; il lui aurait fallu renoncer aux vanités du monde dont il raffolait alors. Un concurrent, religieux régulier et très-régulier, lui disputait le bénéfice ; il ne faisait pas de vers, ne hantait pas les sociétés mondaines. Il soutenait que Racine, en tant que laïc, était inhabile à jouir du bénéfice en litige. Il n'y avait rien à répliquer à une pareille fin de non-recevoir. Jean Racine devait se départir dudit bénéfice ou se faire moine. Mais les poètes n'ont que des talens à leur manière, et point de raison ni de conscience. Jean Racine osa plaider ; il dut perdre et perdit son procès. Avec son air douceureux, c'était un malin, un rancunier : chacun sait comme il se vengea des illustres membres de l'hôtel Rambouillet, au sujet d'une autre Phèdre d'un sieur Pradon. Il les déchira sans égard et sans pitié. Son procès perdu, il jura de se venger des avocats, des procureurs, des juges, des témoins, des huissiers et des greffiers mêmes, qui sont encore de nos jours et partout les meilleus gens du monde,

Où croiriez-vous qu'il conçut le plan de sa comédie des Plaideurs ?... au cabaret... ! oui, mon cher confrère, au cabaret. Dans ces tems grossiers on ne connaissait pas encore les cafés, les restaurateurs ; on n'avait pas une idée de ces salons brillans où l'on est admis pour dix sols, même pour rien. On ne connaissait pas le Rocher de Cancalle, ni le café des Mille-Colonnes, si vantés dans l'Almanach des Gourmands. Le café de mon endroit est plus brillant, sans contredit, que ne l'étaient ces rendez-vous habituels des grands seigneurs et des écrivains du tems de Racine ; et depuis même, Piron et compagnie allaient chaque soir s'enivrer au caveau.

Le susdit Jean Racine fut donc porter son dépit, sa colère, dans un cabaret fameux, établi placé du Cimetière-Saint-Jean, à l'enseigne du Mouton. Là se trouvaient, comme de coutume, ses dignes amis, les sieurs Boileau, Chapelle, La Fontaine, et autres quidams de même étoffe. Jean Racine parla de son procès perdu, et les autres convives applaudirent à ses projets de vengeance.

Il se trouva en leur compagnie un sieur de Brissac, conseiller au parlement de Paris, qui apprit à Jean Racine les termes du barreau. Ce conseiller, trop instruit pour son siècle, ne fit, sans doute, ces indiscrètes révélations qu'après boire.

Quoi qu'il en soit, il fut décidé, le verre à la

main, que tout ce qui tenait à l'ordre judiciaire, depuis le juge jusqu'à son portier, serait livré au gros rire de la multitude, dans une comédie de la façon de mons de Racine.

Sans respect pour les orateurs vivans, le poëte imita, avec une vérité désespérante, le style et la manière des plus célèbres avocats.

L'exorde pompeux de l'Intimé n'était qu'une perfide imitation du débit et du style de M. P****, qui parlait dans la moindre cause comme s'il s'agissait du sort d'un grand empire. On peut en juger par le trait suivant, que la tradition du barreau nous a conservé, et que j'ai trouvé dans les annotations de mon père.

M. P**** plaidait pour un particulier contre un boulanger. Il préluda par une éloquente imitation de l'exorde de la belle harangue de Cicéron *pro Quintio*. L'avocat de l'autre partie l'arrêta au milieu de son brillant préambule, en s'écriant : « Maître P**** ne se tiendra pas « pour interrompu, si je lui dis que pour de « l'éloquence, je n'en ai jamais été autrement « soupçonné ; quant au crédit de ma partie, « c'est un maître boulanger de petits pains. »

Pas un incident dans cette comédie qui ne se rattache à un fait notoirement connu. Par exemple, quand Dandin, le juge, demande à l'Intimé *s'il sera long*, celui-ci réplique : qu'*il ne répond de rien*. A quoi le juge dit : *Il est de bonne foi.* Eh bien ! la même interpellation, la même réponse, venaient d'être faites tout récemment, *in terminis*, en la cour même du parlement, par M. De Montauban, avocat ; et M. le Premier président lui avait répondu, comme fait Dandin, le juge, *il est de bonne foi.*

La scène entre l'honnête M. Chicaneau et la dame comtesse de Pimbèche, n'était encore, sous d'autres noms, que la répétion d'un évènement qui s'était passé au palais, entre un de ces messieurs et madame la comtesse de Crissé, et dans le greffe même de M^e. Boileau, neveu du poète de ce nom, et qui avait eu l'indiscrétion de rapporter ce fait à son oncle, qui ne manqua pas d'en informer ses bons amis de l'auberge du Mouton.

La scène des petits Chiens n'a pas été inventée par Jean Racine. Cette scène, qui fait rire nos dames, n'est qu'une bouffonne parodie de cette belle scène sentimentale d'Inès de Castro, qui faisait tant pleurer leurs aïeules.

Ce ne fut donc que par haine et par vengeance, que fut imaginée et composée la plus virulente diatribe dont les procureurs ont été victimes. *Ab uno disce omnes.* Croyez-vous que Molière ait eu de plus justes motifs pour se moquer aussi, des procureurs et des médecins ? Qu'en advint-il ? il est mort sans leur aide , et les affaires des uns et des autres n'en vont pas plus mal.

Les critiques , les satires passées , présentes et futures contre les gens de robe , n'ont eu, n'ont encore , et n'auront jamais d'autre cause : parce qu'ils perdent un mauvais procès , ces messieurs prétendent faire rire tout le genre humain à nos dépens. Le courage de nos anciens , leur héroïque dévouement pour l'honneur de la robe , les a fait triompher de tous les obstacles.

Faudrait-il , pour imposer silence à l'envie , à la malignité , reprendre les habitudes et la gothique simplicité de nos ancêtres ? Ils allaient au palais dès l'aurore ; qu'y ferions - nous ? Nos mœurs sont changées comme nos usages ; nos honoraires ont dû augmenter avec nos besoins ; ce qui autrefois n'eût été qu'un luxe superflu , est aujourd'hui une dépense de première nécessité. Nos cabinets d'études , autrefois étroits , mesquins et obscurs, tapissés de dossiers enfumés , n'avaient pour tout meuble qu'un fauteuil héréditaire couvert en cuir , quelques tabourets. Ces ameublemens rembrunis sont déja loin de nos souvenirs ; n'a-t-il pas fallu y substituer des meubles riches et commodes ?

Quand de simples boutiques de marchands étin-
cellent d'or, de cristaux et de glaces, eût-il
été décent que nos cabinets, nos salons, n'eus-
sent été que d'obscurs et pauvres réduits? Je
n'examine point si le luxe est un mal ou un
bien; j'aime mes aises; et si le luxe est un mal,
ce que j'ai peine à croire, tout le monde le
cherche, et lors même que tout le monde a tort,
tout le monde a raison. Au surplus, ce grand
appareil de représentation en impose toujours.
Nos confrères des grandes villes le savent bien :
imitons-les et laissons dire; l'essentiel est que
tout cela soit payé; et puisque nous sommes
obligés à plus de dépenses, nous pouvons bien,
en toute sûreté de conscience, ne rien négliger
pour y faire honneur.

En général, nous ne sommes pas fiers, et
jamais reproche ne fut moins mérité. Nous ai-
mons mieux recevoir un paysan qu'un grand
seigneur; il est moins complimenteur, mais il
a un genre de politesse plus solide et dont la
brusquerie ne me choque nullement. Rien de
plus populaire qu'un procureur, sur-tout envers les cliens qui savent rendre leur visite intéressante.

Je ne connais rien aux scrupules dont vous
me parlez quant au nouveau serment. Des scru-

pules ! en vérité , ce mot est bien nouveau pour moi. Vous avez pu croire humiliantes pour notre amour-propre , quelques expressions de ce serment : prendre l'engagement de ne rien dire contre la vérité, de s'exprimer avec décence ! Votre amour-propre se trouve humilié de ces termes-là? Je vous avoue que mon père, à qui j'ai parlé de vos singulières observations, vous trouve plus d'orgueil que de raison , ce sont ses termes; et la-dessus il m'a cité le serment qu'on exigeait autrefois.... Je n'en extrais ici que les principales dispositions, car il est long, long comme un interrogatoire sur faits et articles.

Serment des Procureurs au Parlement. Extrait de l'Essai sur la profession de Procureur.

« Art. I. Qu'ils exerceront leur ministère avec soin et fidélité ; »

« II. Qu'ils ne se chargeront point des causes qu'ils sauront et connaîtront injustes ; »

« III. Qu'aussitôt qu'ils s'apercevront , soit au commencement, soit dans le cours du procès que leur cause est mauvaise , ils l'abandonneront; »

« IV. Qu'ils ne proposeront et ne souffriront

point qu'on propose , contre leur connaissance, rien de futile et d'étranger à leur cause ; »

« V. Qu'ils n'avanceront et ne laisseront avancer aucun point de droit ou de fait , qu'ils sauront n'être point véritable ; »

« VI. Qu'ils feront expédier le plutôt possible les affaires dont ils seront chargés ; »

« VII. Qu'ils ne chercheront point malicieusement de faux délais ni de subterfuges....

« VIII. L'art. 8 fixe à 10 livres parisis , l'honoraire d'un procureur pour la plus grande cause.

« IV. L'article 9 leur interdisait le *Quota litis* , toutes démarches ou manœuvres pour corrompre les juges ou les avocats... » Je m'arrête.... La honte et l'indignation m'ôtent la force de continuer ! Je vous enverrai le livre et vous lirez vous-même, si vous en avez le courage. Quelle idée devait-on avoir de nos aïeuls pour les astreindre à de pareils engagemens ?

Ce serment était écrit et prononcé en latin ; ils pouvaient, me direz-vous, ne pas se croire obligés à des promesses qu'ils n'avaient pu comprendre. Détrompez vous , ce latin là n'était nullement difficile à comprendre , c'était la langue du barreau ; et jusqu'en 1500 , on instruisait encore en latin dans la plupart des juridictions de France. Un professeur émérite de l'université de Paris, n'était pas aussi habile à comprendre ce latin-là que le moindre clerc du palais.

N'aurait-on pas dû écrire le nouveau serment et le nouveau code d'un stile plus conforme à celui de nos anciens? Ne suffit-il pas que les lois soient à-peu-près entendues par ceux qui sont appellés par état et par goût à les invoquer, à les interpréter ? On a fait pour les nouveaux codes comme pour les ordonnances de Louis XIV. Des académiciens se sont mêlés de la rédaction, et tout le monde s'ingère de les expliquer.

En voyant nos codes dans les mains du premier venu, j'étais d'abord effrayé ; mais il est tant de gens qui ne peuvent voir juste, et ce sont les plus entêtés. Le moyen de se donner tort à soi-même? On croit avoir raison lors même qu'on a évidemment tort. Que ferions-nous si les plaideurs étaient raisonnables? Mais avec tous les codes à la main et sous les yeux ils ne sont que raisonneurs.

Ce qui m'a réellement effrayé, c'est ce que vous me marquez au sujet d'un ancien avocat, actuellement sénateur, et qui, presque chaque année, visite son pays et les bonnes gens de cette partie des Pyrénées ; et il se rend l'ar-

bitre de tous les différens qui se sont élevés
depuis son dernier voyage.... Où en serions-
nous si une pareille coutume allait s'établir partout? Mais ce malheur n'est que local, et il faut
bien vous en consoler. Au surplus, d'après vous-
même, cette juridiction d'estime et de confiance
n'atteint qu'une très-petite contrée. Consolez-
vous, que les tribunaux et les gens de loi soient
toujours aussi nombreux, et les procès ne man-
queront pas (1). Un rien vous alarme; vous

______

(1) En parcourant les Lettres de *Muller*, je me suis
arrêté à un passage qui m'a frappé. C'est la fin de la 99°. lettre
à M. *Bonstetten*...... « Abbot, à qui j'ai parlé de votre
« village où l'on n'entend parler ni de poésie, ni de dis-
« pute, m'a dit que la même chose se remarquait chez les
« Sentons, tant que les procès y étaient jugés sans formes
« juridiques par les juges du pays. Depuis quelques années,
« on y a envoyé quatre ou cinq juges anglais, et à présent
« il y a des milliers de procès en train, dont le nombre
« augmente tous les jours, parce que leur multitude faisant
« espérer à chacun qu'il ne vivra pas jusqu'au jugement,
« tous font ce qu'ils veulent... » Singulière conclusion !
Mais qu'importe le motif? Je ne croyais pas les gens de loi
anglais de cette force. Voilà quatre ou cinq juges qui, en
moins de rien, ont changé toute la face d'un pays où l'on
devait s'ennuyer d'un bonheur trop monotone. Après la
contrebande, il n'est rien tel que les procès pour donner
de l'activité à un peuple. Et les anglais entendent parfai-
tement l'emploi de ces heureux moyens.

Note de l'Éditeur.

êtes presque Gascon, et il faut que ce soit moi,
timide Normand, qui ranime votre courage et
vos espérances. On est toujours extrême dans
votre midi, on entreprend toujours trop ou
trop peu.

Je me surprend quelquefois dans des écarts
que mon père a peine à me pardonner. Mon
séjour et quelques habitudes que j'ai contrac-
tées à Paris, m'ont un peu gâté le stile. J'y reviens facilement, comme vous pouvez vous en
apercevoir. Ne m'imitez pas dans ces sortes de
distractions, attachez-vous aux anciens, mé-
ditez le vieux Praticien français et le subtil
Gauret, et ferez bien. Ce considéré, il vous plaira
recevoir mes salutations bien sincères, à quoi
conclut et persiste, etc.

LETTRE CINQUIÈME.

*Préjugé contre la profession de Procureur ; cause
et injustice d'icelui.*

J'aborde à la fin votre dernière question,
celle que vous croyiez la plus difficile à résoudre.
J'étais d'abord tenté de passer outre ; mais vous
auriez pris mon silence pour l'impuissance ab-

solue de répondre ; car *silentium sapientibus responsi loco est*, et je n'ai garde de vous laisser la moindre incertitude sur cet article important. Ce préjugé existe ; nul doute sur ce point de fait ; mais il est mal fondé, il ne me sera pas difficile de vous le démontrer.

On a faussement regardé comme une des causes de cette incurable prévention, la vilité de la condition des premiers praticiens qui se signalèrent à Rome sous le nom de *procuratores ad litem*. Ce n'était, dit on, que des esclaves ou de nouveaux affranchis : quand le fait serait vrai, on ne pourrait en tirer cette conséquence. Ce même préjugé aurait aussi frappé les écrivains, les poètes, les artistes de tous les genres : il existait dès l'origine ; car Cicéron s'en plaint formellement dans sa harangue *pro Murenâ*.

Rome, essentiellement guerrière, regardait la profession des armes comme la plus honorable, mais n'en estimait pas moins les poètes, les artistes, les écrivains, lors même qu'ils n'avaient pas le titre de citoyen romain. Le talent dans tous les genres ennoblissait ceux qui s'y distinguaient ; mais un *procurator ad litem*, eut-il été citoyen romain, était moins considéré qu'un poète, un écrivain, un artiste simple affranchi.

Une autre cause de cette déconsidération attachée à la profession des lois, c'est que dès-
lors on confondait les procureurs avec les sophistes ; et il faut avouer qu'il y avait quelque peu
d'analogie. Mais elle aurait disparu ou du moins
elle se serait singulièrement affaiblie, depuis
qu'il n'est plus de sophistes de profession. Cette
cause unique et permanente a son principe
dans ce penchant qui, dans tous les tems et
dans tous les pays, porte les hommes à braver
tout ce qu'ils doivent craindre. Delà cette affec-
tation à se moquer des médecins et des gens
d'affaire. Ces prétendus esprits forts peuvent rire
tout à leur aise tant que leur fortune ou leur
santé ne courrent aucun danger ; mais au premier soupçon de fièvre, à l'aspect du moindre
exploit d'ajournement, les plus intrépides récla-
ment humblement la science et les soins du
médecin et du procureur même, qu'ils soute-
naient être toujours inutiles et souvent dange-
reux.

Cette prévention dont nous sommes victimes,
n'est donc que l'effet d'un caprice aussi injuste
qu'inconcevable. Pourquoi blâmer une profession dont on a rendu l'exercice indispensable ?
Si tous les hommes étaient sobres et laborieux,
personne ne songerait à se faire médecin ; s'ils

étaient justes et éclairés, s'ils s'occupaient eux-mêmes de leurs affaires, on ne verrait ni in-tendans, ni procureurs. Mais il en va tout au-trement dans ce monde, et ce n'est point à nous qu'appartient le droit, ni la volonté de les ré-former, à dieu ne plaise !

Une partie condamnée a, dit-on, vingt-quatre heures pour maudire ses juges, c'est bien assez, mais la rancune des plaideurs est incurable.

Quelle profession, même libérale, quel pays sont à l'abri des préjugés ? Il en est dont le tems et la raison ont démontré l'évidente injustice, et qui ont conservé tout leur empire dans l'opi-nion commune.

Malgré les préjugés populaires, dont la tradition se perpétue de génération en géné-ration, il y a des Gascons braves et généreux, des musiciens sobres, des poètes modestes et bien rentés ; des Normands francs et de bonne foi ; et un honnête procureur n'est pas non plus un prodige aussi rare qu'on le pense. Je vous remercie doublement de votre cadeau de chocolat et de jambon. Vous me prouvez qu'on sait tenir ses promesses en Gascogne tout aussi bien qu'en Normandie.

Il ne me reste que peu d'instant à vous donner, et je vais les consacrer exclusivement à vous exposer mon opinion sur votre M. Selves et ses œuvres, et en attendant et pour me tenir en haleine;

« Je vais me délasser à voir d'autres procès. »

SIXIÈME ET DERNIÈRE LETTRE.

Sur M. Selves et ses in-octavo.

Les critiques, au théâtre et dans un cercle, ont presque toujours un côté plaisant. Les longues dissertations instruisent rarement et fatiguent toujours.

Racine avait perdu un procès, et une petite comédie a suffi à sa colère, et Racine écrivait tout aussi facilement qu'un autre. Quels sont donc et le nombre et les espèces de procès qu'à dû perdre M. Selves, dont la colère contre tout l'ordre judiciaire n'a pu s'exhaler qu'en partie dans deux volumes in-8°, etc. etc.?

Quand on songe que l'auteur de *la Mort aux Procès*, est depuis longtems homme de loi, et s'en vante, on se rappelle ce marchand ambulant, qui vendait, il y a quelques dix ans, de la *mort aux rats* sur le Pont-

Neuf, qui, par état, eût été fâché de leur entière destruction.

J'avoue ma faiblesse. Le titre de l'ouvrage m'avait alarmé : *Mort aux Procès*! Et celui qui lançait ce terrible anathème, se disait aussi ex-législateur. J'ai cru qu'il avait trouvé le secret de se passer de tribunaux. Mais peu-à-peu, mes alarmes se sont dissipées ; j'ai vu que cet éloquent et hardi novateur n'en voulait qu'au mode de procédure adopté, et aux gens appelés par état à l'instruction et à la défense des causes. L'ouvrage ne concordait nullement avec le titre. Mais il fallait un prélude imposant : *la Mort aux Procès*. C'est un cri de guerre et d'extermination. Si l'auteur eût intitulé *simplement* son ouvrage : *Réforme de la Procédure*, personne n'y aurait fait attention, et, au titre près, l'ouvrage eût été le même.

On y lit de longues et véhémentes dissertations ; il crée, il multiplie les traits les plus effrayans. Il prouve, dit-il, ses griefs d'accusation par des faits qu'il raconte. Et ces faits.... par des preuves juridiques qu'il a sous la main..., dans les greffes, chez ses connaissances. Offrir de prouver, et prouver réellement, c'est la même chose chez M. Selves. Son assurance sur ce point important me rappèle la

réponse de monsu de Crac, se vantant d'être en
correspondance avec le grand Frédéric.

Et j'ai, sans me flatter, reçu de ce monarque
Des lettres que jamais personne ne verra.

Il faut bien aussi en croire M. Selves sur la
réalité et la force des preuves qu'il promet; il
fut avocat, et il est né Gascon.

Lors même que les faits très-rares, très-
isolés, qu'il a encadrés dans un vaste amas de
déclamations plus ou moins boursoufflées,
seraient vrais, seraient prouvés; qu'en con-
clure? que parmi plusieurs milliers d'avoués
attachés aux cinq à six cents tribunaux de
l'Empire, il s'en est trouvé quelques-uns qui
ont pu oublier leurs devoirs et déshonorer leur
profession.

Faudrait-il déverser sur plusieurs milliers
d'avoués le blâme mérité par quelques-uns?

De ce que M. Selves n'a cité qu'un seul juge
de paix honnête et éclairé, que quelques membres de la cour suprême dignes de leurs hautes
fonctions, faut-il en conclure avec lui, que la
France est couverte de magistrals ignorans ou
prévaricateurs?

Ce monsieur Selves qui paraît avoir tout épié,
tout scruté, tout observé, au nord, au midi,

dans toutes les parties de l'Empire, n'a re-cueilli pour résultat de sa vaste et infatigable inquisition, que quelques fautes isoleés : c'est sur-tout dans son pays qu'il aime à trouver des coupables; c'est là aussi qu'il fut offensé : *indè iræ.*

D'après son double *factum* même, il faut con-clure que notre pauvre siècle qu'il malmène si outrageusement, n'est pas aussi corrompu qu'il le dit, et qu'il est sur-tout fort tolérant.

M. Selves intitule son premier *in-octavo* : *Mort aux Procès;* le deuxième *in-octavo* : *Tableau des Désordres dans l'administration de la justice, et moyens d'y remédier.* Je serai juste envers M. Selves. Je ne l'accuserai pas d'avoir fait deux mauvais ouvrages, parce qu'il a fait deux livres. Je me suis convaincu, sans peine, que le second, n'étant qu'une nouvelle paraphrase du premier, M. Selves n'a pu calomnier qu'une fois; qu'il ne faut le juger que pour un seul délit, d'après la maxime *non bis in idem.*

Il n'y a *de désordres* réels et démontrés que dans l'imagination de M. Selves ; et *les remèdes* à tous les maux qu'il a cru voir, sont dans les nouveaux codes qu'il a dû li re

Son livre fut longtems ignoré : son existence

était un problème pour tout autre que pour l'auteur et son libraire.

Le secret eût continué à être religieusement gardé sans l'indiscrétion d'un journaliste, qui, par désœuvrement, et pour *varier* ses articles *variétés*, en révéla au public le fratras scandaleux.

Un autre journaliste prit bravement la défense des avoués attaqués par M Selves ; ces débats firent quelque bruit à Paris, dans les cafés, les greffes, les cabinets : pendant deux jours on ne parlait d'autre chose ; mais cette publicité momentanée a suffi pour appeler l'attention sur cette brochure. On eût mieux fait de n'en parler jamais : je l'ai déjà dit, il n'est plus permis à M. Selves de n'être pas fameux : nos messieurs des grandes villes ont dédaigné de lui répondre ; on soupçonne M. Selves de s'être répondu à lui-même. Des malins prétendent qu'il est l'auteur de l'*Examen impartial* de son ouvrage : cet examen n'est qu'un petit supplément d'indiscrétions, dans le même sens. Je ne crains rien tant que d'être à mon tour accusé de collusion avec M. Selves : en tout cas, je me réserve votre témoignage, celui de notre ami Pierrille, et l'exactitude de mon orthographe.

Point d'abus signalé par le réformateur gascon, qui ne soit la faute d'un particulier et

non celle de l'institution à laquelle il appartient,
et il n'est aucun de ces abus que la loi n'ait prévu,
et auquel elle n'ait remédié : on doit demander
à quoi bon le *Tableau des désordres et les
Remèdes* proposés par M. Selves ? L'auteur ne
m'a pas mis dans sa confidence, et je l'ai deviné.

En examinant son ouvrage même avec la plus
légère attention, il est aisé de se convaincre
des véritables motifs de l'auteur.

Prouvons d'abord qu'il n'a pu composer sérieusement un livre évidemment inutile : dans tout
autre cas, il faudrait le supposer ou bien ignorant,
ou bien présomptueux ; ignorant, parce qu'il
n'aurait nulle connaissance de nos lois ; présomptueux, parce que s'il les connaissait, il ne
pouvait prétendre les connaître seul et spéculer
sur l'ignorance invraisemblable des autres.

Il demande du ton le plus grave, le plus
imposant et après en avoir doctement développé
la nécessité, que l'*audience particulière* des
criées soit remplacée par une *audience légale*
pour les ventes judiciaires. Il est bon de prévenir le vulgaire des lecteurs que les criées et
ventes judiciaires sont la même chose..... Voilà
ce que réclame à grands cris M. Selves à Paris
et pour toute la France en 1812 ; et Paris et

toute la France savent ou ont pu savoir que, depuis six ans, le Code de procédure qu'on n'appelle plus nouveau, prescrit par les art. 958, 959, 960, 961, 962, 963, 964 et suivans, la formation, la remise du cahier des charges, la lecture de ce cahier *en audience publique*; des placards affichés pour l'adjudication préparatoire, qui a lieu *en audience publique*; autres placards pour annoncer l'adjudication définitive, l'indication du jour où elle aura lieu *en audience publique* : la loi existe, elle est observée depuis six ans dans tous les tribunaux de l'Empire ; les ventes sont promulguées pendant trois audiences ; les audiences sont légales, elles sont publiques.

M. Selves se rencontre sur quelque point avec les rédacteurs du Code : reste à savoir qui l'a dit le premier.

M. Selves nous apprend lui-même qu'il n'a point cessé de fréquenter les tribunaux, qu'avant d'être législateur, il était jurisconsulte, qu'il n'a pas cessé de l'être depuis. Il devait par le genre même de ses occupations soupçonner l'existence du Code de procédure ; et les doutes qu'il affecte à cet égard, ne sont qu'une plaisanterie, qu'une pure gasconnade, dont personne ne devait être dupe.

Encore une petite observation pour achever de démontrer, si cela était nécessaire, qu'avec tous ses grands mots, M. Selves n'a voulu que s'amuser aux dépens de qui il appartiendra.

A l'exemple tiré du Code de procédure j'en vais joindre un autre non moins frappant, relatif à la jurisprudence commerciale.

M. Selves, qui, pour s'effrayer plus facilement se reporte à vingt ans en arrière et ne veut voir que ce qui fut, et non ce qui est, propose sérieusement que l'autorité publique nomme les agens des faillites ; que le bilan soit affirmé par le débiteur ; que les créanciers affirment leur créance. Avant M. Selves, on avait bien pensé à quelque chose d'approchant ; mais on ne s'était pas avisé, comme M. Selves, de prescrire la peine de mort contre les parjures. Ce que M. Selves propose si judicieusement en 1812, à l'exception de la peine de mort, se trouve encore textuellement couverti en loi et s'observe dans tous les tribunaux de commerce de l'Empire, depuis le premier janvier 1808.

Reste encore à savoir qui l'a dit le premier : seulement, pour l'honneur et la gloire de M. Selves, il faut dire que les rédacteurs du Code de commerce n'ont pas songé à établir la peine de mort contre les créanciers qui se tromperaient sur

l'évaluation de leur créance , même à leur pré-
judice. Ils ont pensé qu'en ce cas, un créancier ne
faisant tort qu'à lui même , ne méritait pas la
peine de mort. Ce moyen de s'assurer de la
quotité réelle des créances leur a paru plus
rigoureux qu'utile ; mais sur tous les autres
points , les remèdes proposés par M. Selves ,
sont amplement expliqués. Le troisième livre
du Code de commerce est exclusivement con-
sacré à la législation des faillites , à la déclara-
tion d'icelles, à la rédaction, au dépôt du bilan ;
au tribunal seul appartient le droit de fixer
l'ouverture de la faillite, de nommer successive-
ment les agens , les syndics provisoires , les
syndics définitifs pour en administrer l'actif ,
de fixer les droits des créanciers , ceux de la
femme ; tout s'exécute , sous la surveillance et
l'intervention obligée d'un juge-commissaire
nommé par le tribunal.

Ces remèdes , si ingénieusement inventés par
M. Selves en 1812, étaient conus de l'Europe
entière, et appliqués dans toute la France depuis
cinq ans. Mais M. Selves n'a vu que l'ordonnance
de 1673 et rien au-delà : il faut lui tenir compte
de tout ce qu'il a imaginé. Ce n'est pas sa faute,
si l'étude approfondie et exclusive d'une vieille
ordonnance ne lui a pas permis de connaître

un Code *tout nouveau*, qui ne s'exécute que depuis quelques années.

Je m'arrête à ces deux citations, dont le développement compose une grande partie de l'œuvre de M. Selves. Il faudrait répéter les mêmes observations sur les mêmes erreurs. Je n'ai ni le talent, ni le courage d'opposer un gros livre à un gros livre.... Je saurai au moins résister à la contagion de l'exemple, et vous épargner l'inutile monotonie des redites.

Quel motif a donc pu déterminer M. Selves à écrire sur l'administration de la justice, comme ont écrit un roman? c'est son secret; et comme il ne me l'a point confié, et que je l'ai deviné, il m'est bien permis de vous mettre dans la confidence, et je n'exige point que vous soyez plus discret que moi.

Les leçons de l'expérience sont toujours les meilleures. Voilà ce que s'est dit M. Selves, en voulant s'instruire sur la procédure, et il ne s'est donné tant et tant de procès, que dans la louable intention de s'instruire : il était bien le maître de suivre à cet égard un plan à sa convenance.

Cette idée n'est pas aussi extraordinaire qu'on pourrait le croire. On connaît de fort honnêtes gens, très-riches et très-probes qui ne paient qu'en vertu d'un jugement, et entre les mains de l'huissier au moment de la saisie. Le réformateur gascon a pu faire pour son instruction, ce que d'autres ne font que pour la sûreté de leur paiement.

On a mal jugé M. Selves : moi-même, et vous avez pu le voir dans ma première lettre, j'ai pu me tromper sur ses véritables intentions.

Il faut, pour l'apprécier, le considérer dans l'hypothèse où il s'est placé lui-même ; supposer la plus déplorable anarchie dans l'ordre judiciaire, et nulle loi connue pour y remédier.

M. Selves a voulu acquérir des documens plus précis, plus multipliés sur la procédure, en chicanant pour son compte particulier, bien certain de trouver dans le débit de l'ouvrage extraordinaire qu'il méditait, un ample dédommagement de ses *débours*..... Le hazard l'a cependant mieux servi que toute sa prudence. Il restait ignoré à jamais, et chargé des frais et de la honte de tant de procès et de tems perdu, sans les débats de deux journalistes qu'il ne pouvait prévoir.

Je crois, par exemple, que M. Selves a été de très-bonne foi, sans être plus exact dans ses recherches historiques sur l'époque de l'établissement du jury, en France et en Angleterre. Il a avancé le plus sérieusement du monde de graves erreurs sur des faits que le moindre écolier rougirait d'ignorer : on appelle cela, je crois, des anachronismes. Cette partie de la réfutation était au-dessus de mes connaissances ; il m'a fallu aussi vérifier de mon côté. Je me méfiais de M. Selves, et j'ai conféré les dates des faits qu'il raconte, avec quelques livres classiques de mon jeune frère, pensionnaire d'un lycée.

M. Selves a grossoié je ne sais combien de pages sur l'institution du jury, dont tout le monde a parlé, et dont il parle lui, tout autrement que tout le monde. Il indique du moins franchement les élémens de son instruction en matière historique : ses études sur ce point se sont bornées à lire l'article *Jury* dans un dictionnaire d'un sieur Thompson, que je ne connais pas.

Cette autorité unique, ne permet pas à M. Selves d'affirmer avec une entière confiance que les Anglais n'ont pas inventé l'institution du jury ; mais il va jusqu'à soupçonner que cette institution a pu être inventée par un des seigneurs de la cour de saint Louis. Soit qu'il raconte, soit qu'il discute, M. Selves a une manière qui n'est qu'à lui. Les Anglais, suivant lui, ont adopté le jury, lors de la grande charte, sous le roi Jean.

Il faut, pour que les doutes, les conjectures de M. Selves soient exacts, que le règne de saint Louis soit antérieur à la signature de la grande charte, à moins que dans le vocabulaire de M. Selves, le mot inventé et se souvenir ne soient absolument synonymes.

Or, la grande charte du roi Jean a été signée le 10 juin 1215, et saint Louis n'a commencé à régner qu'en 1226.

Un homme très-ordinaire, qui ne serait pas même académicien, pourrait demander à M. Selves comment il prétend prouver que les Anglais ont adopté en 1215, le jury, inventé, selon lui, en 1226 par un seigneur de la cour de Saint Louis. Rien de plus facile à expliquer, si l'on ne perd pas de vue que ce que veut dire M. Selves est toujours l'inverse de ce qu'il dit : ne l'oubliez pas. Ne suffit-il pas que M. Selves cite la grande charte et le règne de saint Louis ? Qu'est-ce enfin qu'une différence d'une douzaine d'années sur un fait qui s'est passé il y a six siècles environ.

Etonné d'avoir découvert cette erreur, j'ai voulu couler la question à fond, et savoir une bonne fois à quoi m'en tenir sur l'origine et l'époque précise de l'établissement du jury.

Je ne me suis jamais piqué d'être érudit en

matière d'histoire et de dates historiques. Ma bibliothèque se compose des Codes, des anciens Formulaires et de l'Almanach du Calvados, et je trouve là trouvé ce qui m'est utile et agréable.

J'ai pris note du dire de M. Selves ; et pour lui opposer, dans le cas dont il s'agissait, un adversaire digne de lui ; j'ai soumis la question à mon jeune frère, qui depuis près de deux ans est élève d'un lycée : je lui donnai trois jours pour répondre. Le petit s'est moqué de M. Selves et presque de moi ; il m'a tout bonnement et à l'instant même indiqué les dates que j'ai rappelées plus haut, et le drôle était tout fier de se trouver plus savant que M. Selves, quoiqu'il ne fût encore qu'en cinquième, et qu'il n'eût pas fait de gros livres.

Je ne pouvais me persuader qu'un enfant en sût plus qu'un ancien législateur. Je soutenais que M. Selves ne pouvait s'être trompé. Mon frère, sans respect pour ma qualité d'aîné, s'obstinait à défendre son dire, et nous criions tous deux à tue-tête ; on aurait dit que nous plaidions. Un tiers mit fin à nos débats ; il ne fallut rien moins qu'un pareil médiateur pour me faire avouer qu'un enfant de douze ans pouvait gourmander un auteur barbon.

Me T*** avocat, chez lequel j'avais l'honneur de dîner avec mon frère l'écolier, m'apprit que c'était à un Normand que les Anglais devaient leur jury, et voici le raisonnement de Me T***. «Avant que Guillaume - dit - le - Conquérant, duc de Normandie se fût emparé de l'Angleterre, ce pays était gouverné par des princes saxons ou danois qui l'avaient conquis antérieurement. Ces Saxons ou Danois, comme il les appelle, avaient donné aux Anglais vaincus, les lois saxonnes. On n'y connaissait, depuis leur invasion, d'autre jugement que le jugement de Dieu, par l'épreuve ou *ordalie* de l'eau et du feu. Guillaume, devenu maître de l'Angleterre, substitua à son tour, aux lois saxonnes ou danoises, les lois des Francs, établies en Normandie.

Son règne en Angleterre date de 1066. En supposant qu'il y eût établi sur-le-champ le jury, il resterait à examiner si le jury existait déjà en France avant cette époque.

Rien n'est plus clairement prouvé. Des capitulaires de l'empereur Charlemagne, qui datent du commencement du neuvième siècle, parlent des attributions du *justiciarius*, d'*assisæ*, de *juratores idonei*. Il est donc constant que dès le commencement du neuvième siècle, et même à une époque antérieure, les Français avaient des prévôts, des présidens d'assises, des jurés ; il n'est pas également prouvé que l'empereur Charlemagne ait pris cette institution des Lombards, qui faisaient aussi partie de son empire ; mais quoi qu'il en soit de ce fait, du moins est-il incontestable que les Anglais n'ont eu le jury et les lois établies chez les Français que depuis la conquête de Guillaume. Ainsi, sans s'arrêter à la grande charte, qui ne fut signée par le roi Jean que deux siècles après, il est incontestable que le jury est une institution toute française, et la plus ancienne de toutes celles qui existent dans l'ordre judiciaire ; il est incontestable que le jury était en pleine activité quatre siècles avant le règne de saint Louis, et partant que........ J'interrompis Me. T*** en le remerciant de cette érudite explication.

Il y a toujours quelque chose de bon à apprendre, même avec les livres qui ne le sont pas. Sans cette discussion sur le passage de l'œuvre de M. Selves, je n'aurais pas connu l'érudition de mon frère l'écolier et de Me. T***, Guillaume-le-Conquérant, Charlemagne, le roi Jean et saint Louis.

Si le livre de M. Selves eût été exact, je n'au-

rais rien su de tout cela ; et me voilà tout con-
solé de l'avoir lu et même de l'avoir acheté.
Il est malheureux pour lui qu'il ait aussi scandaleusement offensé les avoués : ils ne lui par-
donneront jamais, et ils ont tort. Je voudrais
que mon opinion sur leur adversaire plus re-
douté que redoutable, fût connue d'eux tous ;
ils seraient bientôt d'accord ; et je suis sûr que
les explications que je vous ai données sur
les innocentes intentions de M. Selves, vous
auront presque reconcilié avec lui. Il est bon
homme au fond : seulement il voit un peu trop
en noir. Je vous ai démontré avec quelle simplesse, quel abandon il laisse aller sa plume
et son imagination ; des distractions fréquentes
vous ont prouvé qu'il n'entendait malice à rien.
L'ignorance qu'il affecte sur nos lois tenait au
plan même de son ouvrage : il fallait qu'il parût
inventer les remèdes, comme il avait inventé
les maux.

Il faut que je m'arrête, car je vous vois
de colère contre notre Socrate ; oui, je murmure
    Chez lui ce beau désordre est un effet de l'art.

non, c'est la colère : c'est indignée de voir

Je me repens de vous en avoir dit un peu de
mal dans le commencement ; mais enfin, *quod
scripsi, scripsi,* je n'y reviendrai pas ; vous êtes

prudent et sage, et vous n'en croirez que ce que vous voudrez.

Votre auteur gascon n'a fait qu'un livre, et a voulu en vendre deux, et il a presque réussi. Il faut peut-être l'en plaindre : moi, je ne lui en veux pas le moins du monde, et il y paraît bien.

Je me serais peut-être méfié de lui s'il eût publié son ouvrage sur les bords de la Garonne, à Agen, à Marmande ou à Toulouse ; mais c'est à Paris, c'est dans la rue des Grands-Augustins, près de la Vallée, où demeure encore ce bon Pierrille, notre commun ami ; c'est au centre de toutes les lumières, à deux pas du pays latin, que M. Selves a lancé ces fusées qui ont tant effrayé de petits clercs bien novices. Je ne me fierai plus au titre des ouvrages ; et si jamais j'en publie un, traitez-moi avec la même sévérité ; je ne m'en fâcherai pas.

Il faut que je m'arrête, car je sens un retour de colère contre notre Gascon ; oui, je me sens en verve. Ce n'est plus l'amour qui m'inspire ; non, c'est la colère : *facit indignatio versum.*

Je viens de griffonner sur le verso d'une sommation d'audience les vers ci-après, que j'adresse à ceux de nos confrères qui se plaignent trop de M. Selves et de ses ouvrages. Ce petit poëme pourra vous donner une idée de mon talent en ce genre ; et, si vous m'en dites du bien, je vous enverrai la chanson dont je vous ai parlé dans ma première lettre. Voici l'avis charitable à nos colériques confrères :

Contre ce pamphlet, je vous prie,
Pourquoi vous récrier si fort ?
Sans vos siflets il serait mort ;
Vous prolongez son agonie.
De cet *in-octavo* glacé
Rerpectez la dernière crise,
Et que tout bon chrétien lui dise
Un *requiescat in pace.*

Faciebat Thomas...... C. 1813.

Demain je reviens à Caudebec : je ne quitterai plus l'étude et le barreau qu'aux vacances ; et si certaine affaire mi-contentieuse, mi-administrative, que je mitone depuis quelque tems, tourne à bien, j'espère aller à Paris. Nous pourrons nous y revoir : tant d'occasions peuvent vous y rappeler. J'irai vous y rejoindre toute affaire cessante, et je vous amènerai ici pour quelque tems ; faites en sorte ce soit pendant les vacances.

Je n'oublierai de ma vie notre répétiteur de la rue de l'Estrapade, nos conférences dans la rue Gît-le-Cœur, et nos promenades du soir sur le quai de la Vallée. Notre ami Pierille....., y demeure toujours ; faites un paquet de mes lettres, et envoyez-les lui par la voie la plus prompte, la plus sûre et la plus économique.

Adieu ; restez toujours fidèle aux bons principes et à la dignité de notre profession.

La forme avant tout :

Mon cher et féal confrère, la forme !

Tradita forma à lege servari debet.

In princ. inst.

La forme, monseigneur, la forme.

D. Gusman de Bridoison. Mariage de Figaro, 4.e *acte*.

CONCLUSIONS.

Quoi qu'il en soit, et d'après les motifs qui viennent d'être brièvement expliqués, prenant enfin votre parti en premier et dernier ressort, et faisant droit des demandes et conseils respectifs de la fortune, de l'honneur et de l'amitié ; remettant votre esprit au même et semblable état qu'il était auparavant, et faisant ce que depuis longtems vous auriez dû faire, il vous plaira ne rien négliger pour obtenir le titre d'avoué, qui sera par vous exploité suivant sa forme et teneur, aux dépens de qui il appartiendra; et ferez bien, c'est justice.

Partant, persiste, etc. etc. etc.

THOMAS***.

ERRATA.

Page   5, uniformité, *lisez* conformite.

— 13, Damondère, *lisez* Damoudère.

— 28, un Code, *lisez* son Code.

— 34, ff, *lisez*, §.

— 49, meilleus, *lisez* meilleurs.

— 52, ces messieurs, *lisez* messieurs.

— 75, inventés, *lisez* inventer.

TABLE

DES MATIÈRES.